curio?idad por

LA EQUITACIÓN A PELO

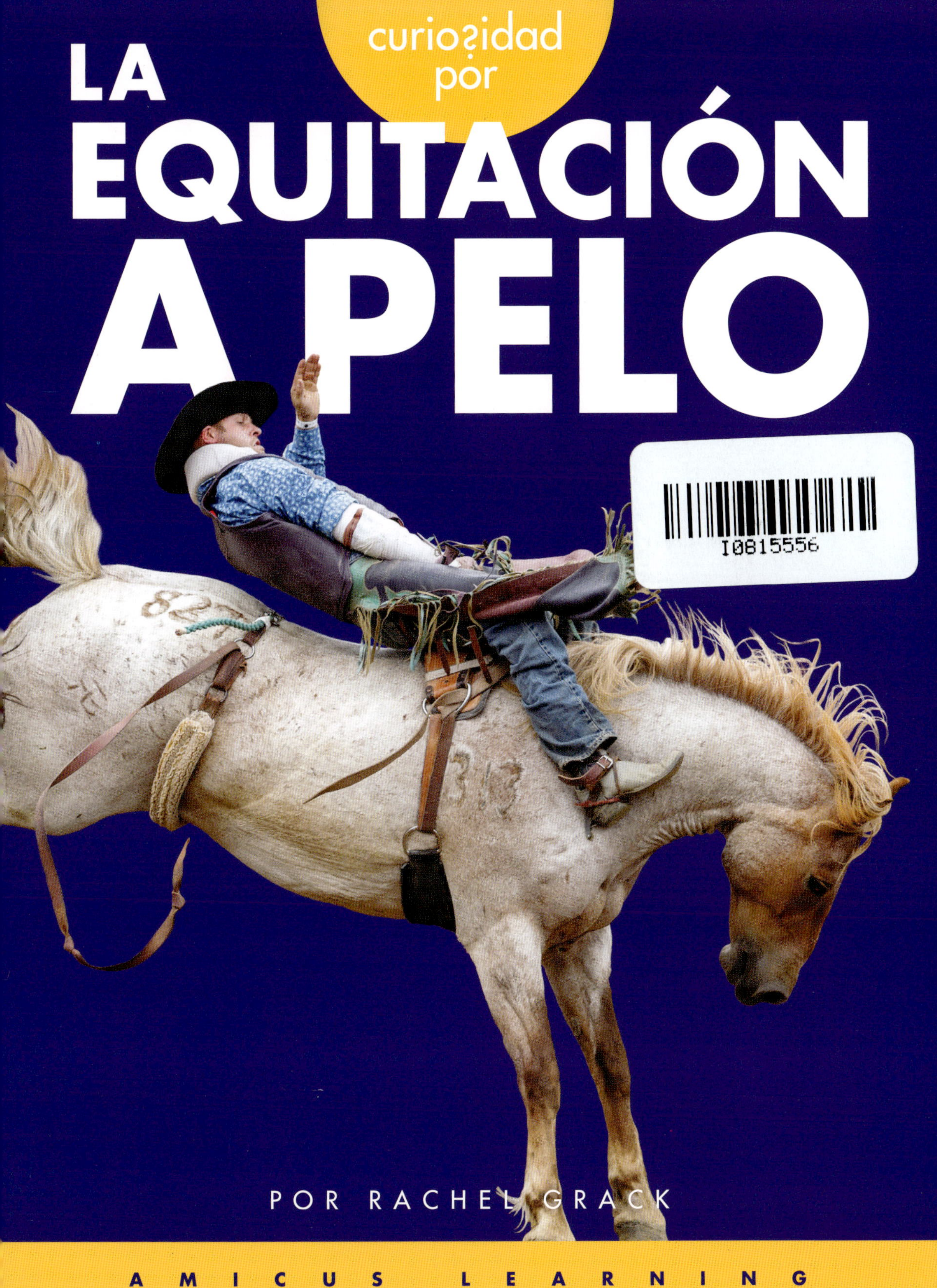

POR RACHEL GRACK

AMICUS LEARNING

¿Qué te causa

2
CAPÍTULO DOS
El evento
PÁGINA
10

1
CAPÍTULO UNO
¡Un viaje salvaje!
PÁGINA
4

curiosidad?

3
CAPÍTULO TRES
Lograr la victoria
PÁGINA
16

¡Mantén tu curiosidad! 22
Glosario 24
Índice 24

Curious About es una publicación de Amicus Learning, un sello de Amicus P.O. Box 227, Mankato, MN 56002 www.amicuspublishing.us

Editores: Ana Brauer y Megan Siewert
Diseñadora de la serie: Kathleen Petelinsek
Diseñadora del libro e investigadora fotográfica: Emily Dietz

Library of Congress Cataloging-in-Publication Data
Names: Koestler-Grack, Rachel A., 1973- author.
Title: Curiosidad por la equitación a pelo / Rachel Grack.
Other titles: Curious about bareback riding. Spanish
Description: Mankato, MN : Amicus Learning, 2025. | Series: Curiosidad por el rodeo | Includes index. | Audience: Ages 6–9 | Audience: Grades 2–3 | Summary: "Learn how cowboys and cowgirls compete in bareback riding rodeo events in this Spanish question-and-answer book for elementary-aged readers. Translated into North American Spanish. Includes table of contents, infographics, glossary, and index"— Provided by publisher.
Identifiers: LCCN 2024022450 (print) | LCCN 2024022451 (ebook) | ISBN 9798892002899 (library binding) | ISBN 9798892002974 (paperback) | ISBN 9798892003056 (ebook) Subjects: LCSH: Bronc riding—Juvenile literature.
Classification: LCC GV1834.45.B75 K6418 2025 (print) | LCC GV1834.45.B75 (ebook) | DDC 791.8/4—dc23/eng/20240523
LC record available at https://lccn.loc.gov/2024022450
LC ebook record available at https://lccn.loc.gov/2024022451

Créditos fotográficos: Alamy Stock Photo/George Ostertag, 20, 21, Images-USA, 16, Kim Petersen, portada, 1; Dreamstime/ Michele Jackson, 8; Getty Images/eyecrave productions, 6-7, Helen H. Richardson, 9 (*arriba y centro*), 9 (*segundo desde arriba*), 9 (*segundo desde abajo*), 9 (*abajo*), Houston Chronicle/ Hearst Newspapers, 19, 11, 2, 10, 13; Getty Images/Rob Carr, 3, 17; Pexels/Dominique BOULAY, 2, 4; Shutterstock/Jackson Stock Photography, 14-15; The Noun Project/Adrien Coquet, 5, Andy Horvath, 22, 23, art shop, 5, Bohdan Burmich, 5, Gan Khoon Lay, 12, HeadsOfBirds, 5, Jason Tropp, 22, 23, Madalyn Jefferson, 5, Oksana Latysheva, 5, Ramesha, 5, Vectorstall, 5

Impreso en China

CAPÍTULO UNO

La equitación a pelo es uno de los eventos más antiguos del rodeo.

¿Qué es la equitación a pelo?

Es un deporte de rodeo. Los **concursantes** montan a caballo sin silla ni riendas. Los jueces puntúan su actuación. La equitación a pelo es un evento de rodeo. Cada monta debe durar al menos ocho segundos. ¿Te parece fácil? Pues no lo es. Montar a pelo es duro y peligroso.

EL RODEO

LO QUE HACE FALTA

TIEMPO
Muchos meses en la carretera

PELIGRO
Podría resultar gravemente herido

COSTO
Viajar/equiparse resulta caro

RIESGO
No gana, no pago

LO QUE DA

EMOCIÓN
Desafiante y peligroso

ESCENARIO
Realizar habilidades para una multitud

COMUNIDAD
Formar amistades estrechas

OPORTUNIDAD
Puede ganar un gran premio en dinero

¿Qué es la monta bruta?

Son caballos y toros indomables que se utilizan en los rodeos. Los jinetes a pelo utilizan unos caballos llamados broncos. Son **criados** para corcovear. Cuanto más corcovee, mejor. Los jinetes a pelo quieren un caballo que les eche.

Hay gente que cría caballos para utilizarlos en rodeos. Los jinetes prefieren caballos con corcoveos más fuertes.

¿Por qué corcovean los broncos?

Los jueces de rodeo pueden conceder un *re-ride* si el bronco se niega a corcovear.

Es su naturaleza. A algunos caballos les gusta corcovear. Son buenos broncos para montar a pelo y criar. Los broncos llevan una **correa de flanco** entre la panza y las patas traseras. Esto hace que corcoveen más. Los jinetes también usan sus **espuelas** para mantener a los broncos corcoveando.

1 CHAPARRERAS

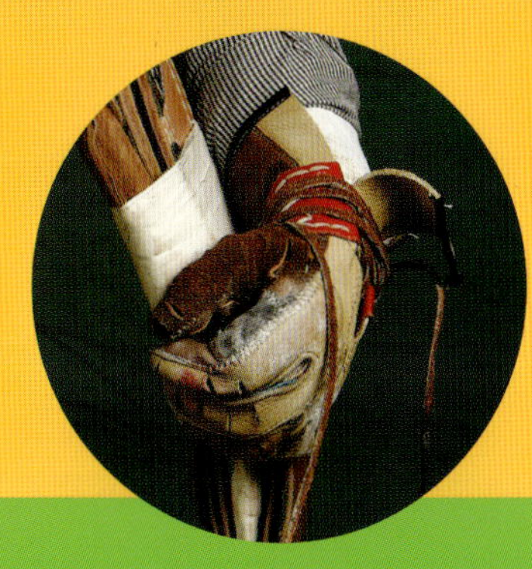

2 GUANTE

3 SOMBRERO

4 BOTAS

5 ESPUELAS

¿Por dónde empiezan?

Un jinete y su caballo esperan en el corral su turno para montar.

Un jinete sube al caballo en el corral. Una vez subido, se agarra al **aparejo**. Se prepara para **marcar hacia fuera** el bronco. Estira las piernas. Ambas espuelas tocan los hombros del bronco. Está listo. Le hace una seña al portero. El corral se abre. ¡Agárrate fuerte, vaquero!

El caballo echa a correr cuando el portero (izquierda) abre el corral.

¿Cómo aguantan los jinetes?

La equitación a pelo es como montar un martillo neumático con una mano.

¿LO SABÍAS?
Los jinetes a pelo reciben una paliza. Sus cuerpos son zarandeados, sacudidos y golpeados.

Utilizan el aparejo. Este asa se coloca encima de la **cruz del caballo**. El aparejo se coloca alrededor del caballo y se tira de él con fuerza. Los broncos se retuercen, saltan y patean. Pero hay un problema. Los jinetes sólo pueden usar una mano. Se necesita un agarre fuerte.

¿Qué ocurre en ocho segundos?

El uso de espuelas en un caballo hace que corcovee más fuerte.

¡Mucho! El jinete se echa hacia atrás. Agita la mano libre en el aire. Mantiene los dedos de los pies en punta. Los talones permanecen pegados al caballo. Sube y baja las espuelas por los hombros del bronco. Espolea todo lo que puede. Cada segundo cuenta.

CAPÍTULO TRES

¿Quién gana?

Los jueces de rodeo deciden quién gana cada evento.

El vaquero con la mejor puntuación. Los jueces puntúan tanto al jinete como al caballo. Valoran el control del jinete y la acción de espolear. Los caballos son juzgados por su velocidad, potencia y estilo de corcoveo. Sus puntuaciones se suman. La puntuación más alta es de 100 puntos.

El plusmarquista Rocker Steiner sigue compitiendo a pelo a partir de 2024.

¿LO SABÍAS?

En 2021, Rocker Steiner, de 18 años, batió el récord mundial de equitación a pelo con una puntuación de 95 puntos.

¿Qué es una "no puntuación"?

Uh-oh. Puede significar que el jinete ha roto una regla. No puede tocar nada con la mano libre. Los jinetes que no marcan hacia fuera no puntúan. Los jinetes deben permanecer al menos ocho segundos. ¿Fue corcoveado? Quítate el polvo, vaquero. ¡Tal vez en la **próxima ronda**!

El jinete toca el caballo con su mano libre. No obtiene puntuación.

Se necesita mucha práctica para ser un jinete a pelo.

¿Podría ser jinete a pelo?

Las vaqueras pueden usar ambas manos mientras montan un bronco.

¿LO SABÍAS?
Los jinetes a pelo suelen ser vaqueros. Pero las vaqueras también pueden montar. En algunos rodeos se organizan eventos de monta bruta solo para mujeres.

Quizá algún día. La equitación a pelo juvenil comienza alrededor de los 14 años. Consulta las normas de rodeo de tu estado para estar seguro. Algunos estados permiten la monta de mini-broncos para niños más pequeños. ¡Podrías montar un poni salvaje! ¿Crees que tienes lo que hay que tener?

HAZ MÁS PREGUNTAS

¿Hay algún rodeo cerca de mí?

¿Cuándo puedo empezar a montar a pelo?

Prueba con una GRAN PREGUNTA: ¿Podría ser jinete de bronco?

BUSCA LAS RESPUESTAS

Busca en el catálogo de la biblioteca o en el internet.
Pueden ayudarte tus padres, un bibliotecario o un maestro.

Uso de las palabras clave
Encuentra la lupa.

Las palabras clave son las palabras más importantes en tu pregunta.

¿

Si quieres saber sobre:

- encontrar un rodeo cerca de ti, escribe: RODEO [SU ESTADO]
- equitación a pelo juvenil, escribe: RODEO JUVENIL

GLOSARIO

aparejo Asa de cuero en forma de maleta que se enrolla alrededor de la cruz del caballo para que el jinete se agarre a ella.

correa de flanco Cinturón forrado de vellón que se coloca entre la panza y las patas traseras del caballo para que corcovee.

criado Cuando los animales se aparean para obtener un tipo determinado de crías.

cruz del caballo Zona entre los omóplatos de un caballo.

espuelas Ruedas con púas en el talón de las botas de un jinete.

marcar hacia fuera Cuando un jinete mantiene los talones sobre los hombros del caballo hasta que sus patas delanteras tocan el suelo.

próxima ronda Los jinetes tienen más de una ronda para competir, cada monta es una ronda.

ÍNDICE

aparejos, 11, 12–13
corrales, 10–11
espuelas, 8, 11, 14–15, 16
ganar, 16–17
jueces, 4, 8, 16
marcar, 11, 18
puntuar, 4, 16–17, 18–19

Sobre la autora

Rachel Grack lleva veinticinco años escribiendo obras de no ficción para niños. Vive en un rancho en el corazón del país del rodeo (sur de Arizona). Algunas tardes, se acerca a ver a sus vecinos en competiciones amistosas de roping. Un restaurante del oeste de la ciudad ofrece semanalmente monta de toros y carreras de carneros. Pero Rachel prefiere pasear tranquilamente a lomos de su dócil caballo Lady.